14490

AF212283

Juan Carlos
Panduro

ROMERO RECIÉN CORTAO'

Juan Carlos
Panduro

ROMERO RECIÉN CORTAO'

ROMERO RECIÉN CORTAO'
Juan Carlos Panduro
◆
Colección: Letra Bastarda, 30
Primera edición: febrero 2024
◆
© 2024, de los poemas, Juan Carlos Panduro
© 2024, del prólogo, Violeta Gil
© 2024, de la cubierta, Lydia Dimitriadi
            @lydia_dimitriadi
© 2024, de esta edición, Letraversal
◆
Dirección editorial: Ángelo Néstore
Diseño: Martín de Arriba
Maquetación: Letraversal
Corrección: Noa González Sirgado
◆
ISBN: 978-84-127137-5-6
THEMA: DC DCF
Depósito legal: MA15-2024
◆
Impreso en España por Safekat · *Printed in Spain*
Bajo el cuidado de Rubén González Domínguez
◆
Todos los derechos reservados. La reproducción total o parcial de
la obra, por cualquier medio, deberá tener el permiso previo por
escrito de la editorial. Diríjase a CEDRO si necesita escanear o
fotocopiar algún fragmento de esta obra.
◆
LETRAVERSAL
www.letraversal.com

PRÓLOGO

Hoy llueve una mijina, estamos sentadas en el patio, frente al corral donde el gallo portugués no para de molestar a esa gallina blanca despeluchada. El pequeño gallo corre de un lado a otro y vuelva a ella, que apenas se gira un cuarto para hacerle entender que no es bienvenido y mi abuela me cuenta la historia de cuando vivían en el cortijo y su hermano mayor le untó mierda de vaca a su muñeca de trapo. Aunque hayan pasado sesenta años se nota que todavía le molesta un poco y yo me río bajito para que no se note. Empieza a hacer un poco de frío, pero me quedo algo más, encogida en la silla, me quedo aunque mi abuela ya no esté, aunque yo no tenga ya diez años y no pueda pedirle de nuevo la misma historia. Me quedo porque he entrado en este texto hermoso y doliente que ha escrito Juan Carlos Panduro, y sin darme cuenta he llegado al corral, he paseado por la dehesa, me he quedado despierta toda la noche, todas las noches, hasta que ha llegado el alba y, cubierta de rocío, he visto cómo la niebla empezaba a levantarse por sobre las encinas. He bajado al río río río, me he metido hasta el cuello y, al salir del agua, el sudor aún seguía pegado a los huecos de mi cuerpo. De vuelta a casa he olido las jaras, he visto a los guarros revolcándose en el barro, he sentido un rumor en las jacarandas, me ha deslumbrado el brillo de la navaja.

Juan Carlos tiene nombre de virgen y ha escrito *Romero recién cortao'*, un pasaje hacia la fragilidad y la fuerza de un ser y unos seres que habitan tierras extremeñas, donde lo violento y lo sucio se pierden entre el sudor y el amor, donde la visión de la maldad no impide la de todo lo que es hermoso. La lengua se hace suya a través de los siglos, enteramente nueva y vieja a la vez.

Romero recién cortao' me llegó el invierno pasado y desde el comienzo de la lectura sentí una emoción que no se parecía a ninguna otra. Escribí a Ángelo casi inmediatamente, nerviosa, ¿me habría pillado la lectura en un momento particularmente sensible? ¿O es que el texto sencillamente abría esa sensibilidad? Muy rápido también, Ángelo me confirmó que se trataba de un proyecto verdaderamente especial. Se me alegró el corazón. Me hace realmente feliz pensar que estas palabras se hacen públicas, que pueden leerse casi a oscuras, envueltas entre las sábanas, o en voz alta paseando por un campo. Palabras para los amantes, para las amigas, para la abuela, para el amor. Ojalá entréis como yo lo hice y como vuelvo a hacerlo ahora, un año después, admirada por el manejo que Juan Carlos tiene del lenguaje y del cuerpo, por este libro cabeza, lengua, corazón.

VIOLETA GIL
MADRID, ENERO DE 2024

Para mi madre

aviso uno el frío

muchachos y muchachas
avisen a las cigüeñas
que se ataquen
que viene el frío
y es seco
y no perdona

un nombre de virgen

yo que con el agua de mi boca
peiné las flores feas
de otros balcones
esperé a que saliera la luna
y una navajita navajita
para escupir y enterrar la medalla

yo que como los búhos
adoré a los borrachos
de una mérida en ruinas
y sorbos de aire zalamero
y jacarandas jacarandas
para escupir y enterrar

yo que nací de la piedra misma
le recé a euterpe
le recé a teresa ya santa
soy aquello que tocaron mis padres
sobre la arcilla hecha de arcilla
y jacarandas jacarandas de arcilla
que se mete en el horno del pan
y una navajita navajita para cortarlo

volver al pueblo
matar al cerdo
y dormir tranquilo
comer la encina
bajo la encina
ser el cerdo
matar al pueblo
con una navajita navajita
y dormir tranquilito tranquilito

todo yo

mis dos hermanas tienen nombre de virgen
yo no quiero un nombre de rey
quiero un nombre de virgen

cómo pelar una naranja sanguina

mis amigas y yo
las mañanas de invierno
quedamos en una de las orillas del río
donde el sol refleja en el agua y nos moja la cara

allí
una vez estamos todas
nos entregamos las muñecas
y con la uña nos hacemos un pequeño inciso
en el que clavar el diente
muy seguido
para que no se escape gota
nos chupamos toda la sangre hasta
que tenemos las mejillas naranjas
y nos entra el calor

tengo los dedos pegajosos de acariciar la mimosa tirada

el aire parece papel de cebolla
el calor levanta los pliegues de la calle
y las gomas de las ruedas de los coches
suenan a dos peces globo que se besan

tengo los dedos pegajosos de acariciar la mimosa
tirada en frente de mi casa
me los llevo a la boca cruzados
los dejo dentro
apretando los dientes
y ni una sola lágrima que no salga vapor

antes que la mimosa tirada en frente de mi casa
se muera de seca de fea deseca
antes que se le deshagan las flores en caldo
y se nos mojen todas las camas por dentro
antes

que alguien haga por favor refrescar la noche
que alguien haga por favor refrescar la noche
que si tirara podría quitarme la piel
te lo juro
está blandita como la plastilina

la pena qué miedo

todas nos dijimos a todas
qué cansadas estábamos
y lo mucho que nos gustaba el rojo

y sonaba demasiado plástico y demasiado rojo
tu canario se comió mis flores
qué pena
lo que llovió aquel verano
qué pena
en mi cama te hice un hueco
qué pena
las cortinas cerradas cerradas
qué pena
todo café que se bebe frío
qué pena
el cordero amarradito de zurbarán
y eso que me traje el rosario y lo puse en la mesa
y luego en mi cuello
y eso quedaba divino
y eso que no estaba cansado
y eso que no volvisteis ninguno
y eso qué miedo la pena
qué miedo

estuve encerrado en el polvo
me hacía otro té de limón
y bailaba dentro de un cubo
y fuera una figura con la cabeza en llamas
el pasto las ortigas el cardo
y una figura con la cabeza en llamas
suena demasiado plástico si lo dices así
al acecho al acecho al acecho
una figura roja con la cabeza en llamas

pero mi abuela me trae un trozo de queso
y se me pasa
la pena

primer día niebla

anoche el cielo se puso bocabajo
para que no se le vieran al río los muertos
ni las cruces a los tejados de los bares
ni las cabezas a los perros que mean la alcazaba

anoche el cielo sin rabia
tejió una sábana gorda y gris
para badajoz y su pena
para que esté cada uno solo
porque uno solo no puede tenerse la pena
y ha de salir con chambergo y cuchillo
a defenderse o sangrar

el primer día de niebla
toda la tierra está fresquita
como si hubiera llorao'

perdóname

que si alguna vez
sentiste algo lindo por mí
perdóname perdóname
PERDÓNAME, EDDY LOVER Y LA ACTORÍA

en este lado del río
si me preguntas
la tierra está más seca
porque los chavales no han dejao' de pisarla
y el pasto se ha quedao' sucio
y los lunes y los martes se comen garbanzos

en este lado del río
si me preguntas
se alumbran poquito las farolas
para hacer redonda la calle
y para dejar tranquila a la luna
y los miércoles y los jueves se comen garbanzos

en este lado del río
si me preguntas
se le tiene un respeto a la noche
que saca el frío y tapa el grito y levanta el polvo
del sur y la gente se ladra por la calle
y se agarra las muñecas
y se habla muy de cerca
tan de cerca como puede hablarse
y los viernes y los sábados se comen garbanzos
y los domingos también garbanzos
pero no
no se pide perdón la gente
el perdón es para tu lado del río

este guiso por el niño que tenía los ojos
de almendra y las eses de rezar

me pregunto si cuando me muera
comeréis las patas de un cordero a cachitos
en una salsa espesa
en una olla de dos brazos
quizás entonces pueda yo acercaros la mano
soplaros un beso
dejar mi cuerpo y meterme en el de un cordero
ya matao'
y que de mi pata salga un guiso para unas bocas
llenas de campo
que den trigo que den pan
y que entonces el niño que fui
ya matao'
hueco descanse vacío
y dé los brazos y se le crezcan ramas de encina
y dé la grasa y dé la piel y se le saque tocino
venírsele los cerdos a comérsele la cara
y dé las rótulas y se le nazcan fresas salvajes
no necesito que sean muchas
sino suficientes
pa' llenar una cestita de enea
cortarlas en rodaja
y comerlas mojadas
en zumito de naranja

la f crece hacia arriba y hacia abajo

abuela yo ya estoy farto de que la primavera no me sea
fiel de que los tiempos sean fatales de que el peral sea
fragilísimo y las miradas de fuera feroces tendremos
otro año sin fruta abuela otro año sin fruta no habrá
follaje cuando llegue la feria la fatiga nos pasará por fin
factura y se nos caerá el folclore de la falda y con qué
comeremos el frango y el licor fortísimo abuela
tú bajo la franela cuando llegue la fiebre y se tengan
que cerrar las fuentes se filtre la fome y no tengamos
fruta porque el peral tan frágil haya cogío' frío por favor
guarda tus manos fortuna flamenca que también fazem
flores y yo no quiero que cojas frío no no te digo que seas
fragilísima pero no no quiero que cojas frío

caballo

saliendo por mérida
me he cruzado con un caballo delgadísimo
podrías cantar villancicos
raspando un tenedor en sus costillas
podrías lavar la ropa de cama
raspándola en sus costillas

comía el caballo del pasto secano verano
y se doblaba hacia delante enseñando los dientes
por un segundo
cruzamos los ojos e intercambiamos los cuerpos
él un niño que escapa del campo
yo un caballo famélico que lo mira

sal de aquí le digo al niño
que las nubes no nos esconden
que la tierra no nos alimenta
que las encinas se mueren ancianas
pero los caballos y los niños pronto
que no estás hecho tú pa' el hambre
ni pa' que se te seque la lengua

madre mía si hubieras visto tú aquel caballo
podrías afilar las navajas
raspándolas en sus costillas

qué sonido

siempre se me olvida
que soy tan frágil
hasta que camino este
el nuestro campo
y el trigo me suena en la piel
como rayar un plato con una cuchara

allí donde mi abuela tenía una higuera

allí donde las manos son brillantes en verano
porque sudan porque nos las damos

allí donde las orquídeas se nos mueren
y las encinas guardan sombra

allí donde los cuerpos salimos baratos
y las noches refrescan

allí donde sacan el vino de la uva
y de la aceituna el aceite
y de mi corazón ay

aviso dos el sueño

zagalillos y zagalas
que mi niño se ha dormido
y los ángeles con sus alas
han cesado de batir
zagalillos y zagalas
dejad al niño dormir

lejos

me estoy yendo lejos a una casa nueva
si la vieras es larga larga
sin persianas sin fregona y está en medio de la calle
rompiendo la acera y oliendo a la feria
porque aquí toda la calle huele a la feria
aunque nadie la festeje

tiene dentro un limonero de plástico y un cuadro
de girasoles que cuando me vaya me llevaré conmigo
porque ahora cuando llego a los sitios que están lejos
pienso siempre en el momento de dejarlos
y arrancaré de cuajo las únicas flores
que han salido en la casa
pa' hacer ofrenda

tienes que saludar golpeando las mejillas
y haciendo sonido de beso
aunque esté eso lejos del beso
tienes que mirar muy para arriba
para ver los edificios que
son enormes pero no dan sombra porque no da el sol
porque aquí el sol no calienta y no da luz
y no tienes que preguntar entonces para qué sirve
porque nadie te contesta
porque están *en train de se déshabiller*
y se tumban bocarriba en el cemento
con la piel abierta
y absorben *en silence* cada rayo falso amarillo
aquí los cuerpos son como las flores

y tiene lluvia
tiene lluvia este lejos
pienso mucho en el campo y en el pozo

y en el tulipán que cuida mi vecina
si lo vieras es largo largo
y los chicos y las chicas tienen las consonantes
en medio de la garganta
eso me gusta

qué suerte

de pequeño me caí de un guapero
cla cla cla
me partí la pierna izquierda en dos partes
igualmente limpias
y me pusieron una escayola de cemento
desde la rodilla al dedo meñique
eso era como llevar un muerto blanco a cuestas
cla cla cla

no te dicen
cuando te partes la pierna en dos partes
que andar te dolerá en los brazos
como una procesión metálica
cla cla cla
ni que todos los chicos y las chicas
querrán venir a verte
cla cla cla
que todos los chicos y las chicas
querrán venir a verte y en tu cuerpo
escribir su nombre

pues qué suerte habérmela partido
cla
que cuando me escriben su nombre
cla
los hago míos para tener
cla
desde entonces como galgo jetero un dedo
cla
una costilla flotante
cla
levemente el cuello
cla

◆ 31

los dos hombros de vez en cuando
cla
las muñecas casi nunca
cla
la espalda en general siempre
cla
ojalá haberlo sabido antes

abuela! no me barras los pies que no me caso!

pero niño
cómo no te vas a casar tú
con esa carina que me traes
de cordero degollao'
si eres igualito a tu padre
que ponía las calles del revés

cómo no te vas a casar tú
si tienes orejas de pendientes de aljófar
y cintura de insecto que pica
si tienes los labios ya listos
las mejillas pa' arriba y el pelo rizao'

cómo no te vas a casar tú
si naciste en pleno mayo
florecita de la virgen
si no se ha visto aquí
una porte más gatuna
y unas manos tan de campo
ojo-negrino y pa' mojar pan

cómo no te vas a casar tú
si eres igualito a tu padre niño
anda apártate
que estoy limpiando
y a ver si sales más
que conozcas a alguien

fue así!

y no va ese muchacho fino
sombrero de paja
y me grita
desde la otra acera
eh!
tss!
niño!
bien pagao'!
girasol torcío' y moreno vente pacá'
tómate algo fresquito fresquito
que hace calor
crúzate un rato
siéntate un rato
que hace calor

y no voy yo y me cruzo hasta llegar a la verita suya
y no va él y grita de nuevo tráiganle
al niño una corona
una vida entera
algo de comer
que tiene los rizos pa' sujetar laureles
y yo lo he invitao'

fue así!
fue así! como conocí a un fino y
del lirio al brezo
me perdiere

mira

un viernes al mes
subíamos la carretera
en el citroën rojo
toda arriba
hasta el cementerio de los olivos

y nos sentábamos en la tumba de
rodeados de geranios

¿tú también escuchaste la historia de aquella niña a la
que atrapó un remolino y se ahogó?
¿sabías que el nombre guadiana viene del árabe *wad*
que significa río y del prerromano *ana* que significa río
y que entonces cuando decimos el río guadiana en
realidad decimos el río río río?
¿tú crees que es verdad eso de que el guadiana ahoga a
las niñas?

nos dábamos la mano
mientras el cielo sangraba de a poco
mira
es como una copa derramada de vino
acercaba su otra mano a la tierra
y luego demasiado a mi cara
mira
así huelen los olivos la muerte
me agarraba mi otra mano
y la llevaba directa a su boca
mira
dame un beso aquí que me estoy ahogando

de raíz

desearía tener el pelo espectacularmente largo
que me inundara los pies
tardar en cepillarlo un día entero
y con el último rayo de sol
hacerme una trenza
pa' llevar a mi madre de raíz

dirían las viejas vecinas desde las ventanas
mira al niño así tan espigao'
sí que se parece a su madre!
que siempre ha sío' muy listo
pero nunca ha estao' tan guapo!

y yo romper la trenza
rehacer la trenza
romper la trenza
tocarme el pelo hasta que se me duerman las manos
y se haga de nuevo de día
pa' salir de nuevo al balcón
y dejarlo de nuevo caer
como si bajase el cielo de raíz

**dime niño de quién eres todo vestidito vestidito
que te miro y te pareces al hijo más blanco de una
azucena**

qué bien te queda la pena hijo
así blanca
en tu cara blanca
cuando miras embobao' hacia arriba
qué bien te queda
junto a las flores que cubren el jardín
qué bien te queda
cuando suena una guitarra de lejos
y esperas qué bien

te sientas hijo de blanco
en una mesa blanca
y una silla blanca
y el mantel blanquísimo blanco
bordado
como en tu cara
la pena
para que pase la luz
montañas de sal que hunden
los ojos
llenísimos
te dices
si lanzara la novia el ramo lo cogería
si lanzare el ramo lo cogiere y fuere la novia
tú
con tus blanquísimas manos
hijo
si viniera la camioneta blanca
te pondrías el vestido blanco

y llevarías un velo de pena rozando el suelo
y qué condena la pena candela qué miedo el amor
qué pena

pero qué bien te queda!

vengo a pedirle la mano de su hijo

tengo un bolso precioso de cuero que se cierra en imán
y lo llevo sin nada dentro
jurao'

y desde aquí veo las flores de la pena morirse naranjas
en un vaso de plástico de un festival
al que no fui yo
la propaganda ajena decora la casa
las miro y ellas
destiñen calladas como camisetas con pliegos de cal

si los grillos sonaran de día sería algo parecido a esto

para sacarme la pena podría
poner las manos en su posición más bonita
podarlas con cuidado
atravesarlas con un tallo de metal fino
ponerlas en un florero nuevo
de vasija portuguesa azul y blanco
como el regalo de boda de mis padres
tenerlas listas en la entrada
decir
un ramo de manos también es amor

y mientras espero a que venga alguien
diciendo mi nombre
y las paredes se ahúman
¿podría meter la cabeza un ratito en el microondas?
este es el silencio futuro
jurao'

me dormí una vez en mi patio

soñé que la lluvia inundaba los cerezos
el agua era rosa palo
olía a pacharán

la tierra empapada
bailaba las esparragueras
y las siemprevivas

yo llevaba la piel de un lince
que se siente como en casa
y se limpia con la lengua

soñé que me dejaba caer rosa palo
y de repente el frío
caer en el frío
hasta un enorme agujero de mimbre
repleto de romero
recién cortao' y allí yacía
entre las manos recién cortadas

soñé que la lluvia me llenaba los ojos
hasta llorar ser una jara
por las noches nos acicalábamos entre todas
y esperábamos a un buitre
de esos que señalan desde arriba
con la pata todo el cuerpo muerto todo el casi cuerpo
y empujan las rocas de un talud

aviso tres el deseo

y si quieres besarme puedes
que lo que pasa aquí
luego luego no cuenta...

romper la pecera plantar una encina

traje al pasto
una cazuela blanca llena de agua
me puse de rodillas
e introduje la cabeza
para buscar lo divino

salmo responsorial

el que es hermoso y lo sabe
anda regalado siempre
RODRIGO CUEVAS

el que es hermoso y lo sabe anda regalado siempre
(repetimos)
el que es hermoso y lo sabe anda regalado siempre

aquí la noche tiene huecos y tiene esquinas
una vez le pregunté por el leñador de la cara blanca
y no me respondió

(repetimos)
el que es hermoso y lo sabe anda regalado siempre

los chicos saben al pan duro que se comen los patos
el bruxismo las jaquecas las manos sucias y otras
miserias son predestinadas

(repetimos)
el que es hermoso y lo sabe anda regalado siempre

tirado en el lomo de un burro
andando un desierto de sal
si grito es porque tengo sed
y aunque nadie me escuche sigo teniendo sed

(repetimos)
el que es hermoso y lo sabe anda regalado siempre

pido por un final en que la flor deprede
la cadena alimenticia

y una muchacha me bese en los labios
me cante una jota y me olvide de ti

(repetimos)
el que es hermoso y lo sabe anda regalado siempre

de tu casa a la mía

con mis cuñas de esparto
he salido
cuando las luces aún eran violetas
y los coches y las motos
empezaban a hacer *vroom vroom*
he salido
mis labios húmedos de beber del azud
me llevo la mano al pecho por el *rush* el *crush* el *crash*

he salido
y las farolas parpadeaban como luciérnagas ufanas
diciendo seguimos despiertas seguimos despiertas
zorras trasnochadoras todas
zorras no luciérnagas farolas he salido
y en el momento mismo te juro
que ha bajao' un ángel a verme
y en la frente me ha dao' un beso
quitándome todo lo tuyo que me quedaba encima
y me ha dejao' ligero
y ya no pegajoso
pa' que pudiera volver a casa

la pluma sobre la pluma sobre la pluma

y antes de llegar a casa
me ha llamao' una señora pecosa
con unos pantalones oscuros
y me ha hecho así con la mano
como cuando quieres que venga alguien bien rapidito
y me ha dicho niño has descorchao' alguna vez tú
un alcornoque
y yo no sé si por el vino
el beso del ángel

o que la señora me ha hecho así con la mano
pero le he dicho
sí

así que he salido
de tu casa a la mía
pero no he llegado a la mía
y estoy ahora en el campo
arremangao' entero

pablo ponte guapo que te paso a recoger[1]

uso sus sábanas, su colonia, su vajilla
pero no soy él!

lo íntimo es un pez
saltando entre las manos manchadas de aceite
y yo pierdo aceite muchísimo aceite

que los chicos no pueden ser ángeles
que los chicos no pierden aceite
que los chicos no cuidan de peces
que los chicos cuando llega el calor
se enamoran

siempre soñé con hacer una cosa así

pero yo quiero casarme en noviembre
yo quiero casarme en noviembre y que sea martes
que en otoño el bosque huele
tranquilito tranquilito
y mudamos las plumas
y la pena se llora
y la pena se estalla

---

[1] cortaría una de las flores del jardín para ponértela en el pelo
bordaría tu nombre y el mío en los paños del baño
si quisieras
haríamos café para señalar el tiempo
veríamos los días pasar por encima del patio
pablo
tú y yo
por encima del patio

el jardín de la galera es una cárcel

los perros de orejas manchadas
sacan la cabeza por la torre
pa' mirarlo recubierto de jazmín
mientras fuma un cigarro como el que besa un santo

antes de que se me acabe la vida quiero fundar jardines
como se fundan los conventos

fuma

y en cada uno plantaré romero por ti

fuma

y lo pondré al lado de una fuente que llevará tu nombre
y en ella los peces mira cómo beben de ti

fuma

y la gente pedirá deseos tirando monedas a esa fuente
y por cada moneda yo te desearé a ti
y en las sillas de pizarra debajo de los granados
se dará besos
y será como si yo te los diera a ti

fuma

y tú podrías
quizás venir en primavera
pero solo en primavera
para que solo lo veas cuando esté lo más bello
y yo pediría que cerrasen las puertas
los días que vengas
para que no pueda entrar nadie más

¿nos vamos?

las flores arrugás'

se te van a ahogar las flores
si las aprietas tan fuerte

y nos mirábamos como anguilas en el mismo estanque
y nos caía la arena justo sobre las bocas
hubiera yo pagado contigo
las mil aguas de abril pero

se te van a ahogar las flores
si les das tanto de beber

y yo venga agua más agua más agua
y encima chirimiri hoy llueve una mijina
y encima sacamos la herida afuera
pa' que se moje
y tú como sal encima
mírame a los ojos
y yo que no te creo no te creo
que está cayendo de arriba
chirimiri y encima
tengo sed y me duele el pecho o
algo peor
que nos fumemos a la cara
que las rodillas tengan sangre
que llueva una mijina
que te hundas en el jardín

ahora se me posa una mosca en la mano
y chupa lo que queda de la tuya
qué asco?

haciendo que me amas

hay en la calle de la estación
una grieta enorme
perfectamente recta
si metiera mi brazo
cabría entero
seguro
y saldría
con un mordisco
seguro
está situada diagonalmente
a siete
zancadas 135°
del bar donde se piden las cervezas
en números pares
cuatro
ocho
doce
en frente de un graffiti
que lee
hamlet
dejen a la calle
leer a hamlet
hamlet observa la grieta
desde su muro
vigilante
por si alguna noche
fuera a salírsele algo
y a mí
me llama
la grieta
me dice
ven ven ven
me invita

la grieta
me dice
ven ven ven
hace
bam bam bam
luego
bum bum bum
y estalla el corazón

eso sí que no lo vi venir
y tú
qué rápido me estalla

y
se derrama
por la grieta
como sangre
lo pierdo
entero
como líquido
quién me viere
rezándole a
una grieta
bien
profunda
y
digo
mi nombre
pa' acordarme
no soy
tristán
no soy
benito
pero
devuélveme
mi
corazón

aunque
sea
en
pedazos

y
al hacerlo
dime
ven ven ven
de nuevo
dime
ven ven ven
de nuevo
luego
bam bam bam
luego
bum bum bum
haz que estallen
los pedazos
en más
pedacitos
como
peta zetas
que explotan
como
rocas
volcánicas
que buscan
refugio
y podemos
mientras
tanto
juntar
las bocas
para
pasar
el rato

el futuro es ahogarse en vasitos de agua de mar

el camino de los azulejos verdes
el móvil al lado en el radiador
la camiseta al suelo para proteger las rodillas
me quito las gafas y enciendo la ducha
y el agua hace ruido de picoteo
y mis dedos índice y corazón como pistola por la boca
y algo así como rezar para abajo
y es blanquísimo rezar y beber agua del mar
y vomitarla luego
y es tan blanco que casi ensucia
y ese es este futuro

yo solo quiero ser como dice rebe
wapa wapa wapa wapa wapa wapa

de noche

creo ver la luna
y es una farola
tiene ese halo de luz
que le hace llevar los ojos sucios
me froto con los dedos
y le subo el brillo
para que me dé en la piel
me la manche
me ponga moreno
me abra
como una de esas flores tropicales
que esperan a la noche
cuando nadie las mira

tengo
la sed
completa

se me hacen enormes las manos enormes los pies
enormes el pecho y la cabeza y la boca
y siento que puedo tocarlo todo comerlo todo
amarlo todo
todo de una vez
pero
pesa
tanto
pesa tanto
este cuerpo
florecido yunque
que tengo que permanecer aquí
pegado al suelo de acera de piedra
quieto
y quieto lloro
quieto rezo
quieto
porque sé que me estoy muriendo

san juan

¿sabes que mi abuela conoció a mi abuelo en san juan?

era noche de verbena y se veían los fuegos naranjas
en el suelo ya crecía verano y la gente bailaba
como bailan las ranas cuando les queman las patas
mi abuela
carmen
la piel de leche
las manos robustas
flequillo entreabierto
estrenaba un vestido blanco de flores
que le habían regalado por cumplir diecinueve
mi abuelo
emilio
nariz de castaño
corbata visón
cintura del sur
llevaba la espalda siempre doblada
por vergüenza a ocupar todo el espacio

allí mismo
en el descampado de la feria
se bautizaron el uno al otro la frente
con un cubito de hielo

¿cómo?

así mira

con tres dedos

de arriba abajo

siguiendo el sudor

¿tú quieres tener nietos?

yo le rezo a la virgen y a un buen chico

que me abre la boca de par en par y mete
una perla
pa' guardarla ahí dice
que está más segura

que me mira del ángulo
del lomo doblao' y me toca
suave
pa' recordarme la piel dice

que tiene un remolino arriba en el pelo
a la izquierda
y que allí
se mueren los chicos dice

siempre siempre
las manos van al pan
y al hambre no hay pan duro
y yo pienso
qué bueno este chico
qué lindo y qué bueno
y espero espero espero
que no me deje nunca
este chico
y por eso le rezo le rezo
le rezo le rezo le rezo
a este chico

mi suegra porque la quiera
me ha regalado un rosario
teniendo yo con su hijo
corona cruz y calvario
ay amor ay amor ay amante
ay amor que no puedo olvidarte

porque si me dejas tendría que
sacarte de casa
envolverte todo el cuerpo en papel del baño
pa' que vieras
cómo aprieta la pena
y sacarte a cuestas
con las manos rojas
porque aprieta la pena
y no me dejes por favor
no me dejes
me tumbaría a tu lado tapándote la cara
pa' que se me olvide
y te diría al oído que no puedo
no puedo soportar
que existas en otro sitio
al mismo tiempo que yo
y ya no estés pensando en mí

**cómo voy a ser alérgico a los olivos
si yo quiero ser una folclórica
abrir un huequito y escribir mi nombre**

I

nos sentamos todos a la mesa a pan partido
a exprimir las olivas sobre las patatas
y decir que a nada le falta sal
todo está bueno buenísimo
qué buen amarillo el del arroz amarillo
qué buen rojo el del tomate rojo

las persianas tiradas abajo
el sol tallado en la piel
el culo pegado a la silla y la toalla bien enredá'
*yo también quiero unas gafas así
como las que tiene la prima
yo también quiero una toalla al pelo así
como la que tiene la prima*
las chanclas cla contra la soneja
los cuchillos cla después de la carne
la fuente de arcilla fresas con zumito de naranja
y el vasito duralex con aquarius de limón

estoy repleta como dice la prima
y no recuerdo si el campo fue siempre de este color pero
cuando yo crezca y sea tan alto como mi padre
quiero teñirme los brazos la tripa la cara
los pies el pelo los ojos y los codos por detrás
de este color que se pone el campo cuando lo miro
pa' llevarlo encima cuando ya no estemos

II

volverás viejo castúo
volverás viejo castúo
a morir a extremadura
para ser abono
de vidas futuras
como una señal divina
te espera una encina
en tu sepultura

III

cuando sale la luna que hace crecer el pelo
mis hermanas y yo
sacamos al patio las sillas
y nos sentamos agarrándonos en trenzas
dejando un hueco para los búhos

allí fuera
antes de que empiece a hacer frío
dejamos que nos respire bien la piel
decimos todos los refranes con pan
y hablamos de los primos de mi padre
que son navajeros
porque venden navajas
y se apellidan panadero panduro

entonces recordamos que hay
una navajita navajita panadero panduro
guardada en el mueble del salón
y maría corre a por ella
y lourdes llena de agua una pila
y yo traigo un trapito pa' cada una

cuando estamos de nuevo sentadas
nos limpiamos las muñecas
en silencio
y blandimos por turnos la navajita navajita
plantando unas ramitas de romero

y aunque al principio nace de sangre
no me da ni una pena pienso
a mamá le hubiese encantado
y mi hermana dice lo bueno del campo
es que no tiene llaves
puedes venir cuando quieras

todas las gracias que dar están guardadas aquí

a mi familia, porque nada hubiera sido posible sin su
apoyo.
a mi padre y a mis hermanas, por brindarme la calma,
por deslomarse por mí, por confiar tanto.
a mi abuela, por querer escribir aquí con la misma
mano que me llevaba a recoger los higos.
a mi madre, porque todo lo hecho será siempre para
llegar a parecerme a ella.

a Ángelo y a todo el equipo de Letraversal, por
acogerme con tanto cuidado y hacerme un huequito
entre ellas donde escribir mi nombre.
a Violeta, por leerme con calma y cariño, por querer
abrir una posibilidad desde que esto empezó a
esbozarse.
a los profesores y compañeras que leyeron y
comentaron algunos de estos poemas mientras se
construían.

a Andrea, por amar la poesía con tanta intensidad e
inspirarme a escribir cada vez más, cada vez mejor.
a Lydia, por imaginarse este nuestro mundo y dibujarle
una puerta.
a Elia, a Elvira, a Luis, a Carol y a todas mis amigas que
me guardan calor.

a Imperio, por compartir su vida conmigo, cuando
todo el tiempo se agote, nos plantaremos la una a la
otra una encina.

a las luces al sonido y a todas las que están arriba
gracias y ramitas de romero.

ÍNDICE

La primera edición de *Romero recién cortao'* se terminó de imprimir por encargo de Letraversal el 5 de enero de 2024. Ese mismo día del 306 a. de C. estableció Epicuro su Jardín en Atenas, donde muchos de sus alumnos se colocaban coronas de romero para mejorar la memoria y así alcanzar el placer fundamental: la ausencia de perturbación en el alma. Todo lo contrario de un poeta, andando azorado por el azul-flor buscando la pura ataraxia.

♦♦♦